AF229214

COMPTE

RENDU PAR

L'ADMINISTRATION MUNICIPALE

DU PORT-RÉPUBLICAIN,

DE SON ADMINISTRATION,

PENDANT LES ANNÉES VII ET VIII.

AU PORT-RÉPUBLICAIN,

Chez J. LAGRANGE, Imprimeur-Libraire, rue Républicaine, N°. 624

An IX de la République Française.

COMPTE

RENDU PAR

L'ADMINISTRATION MUNICIPALE

DU PORT-RÉPUBLICAIN,

DE SON ADMINISTRATION,

PENDANT LES ANNÉES VII & VIII.

Toute Adminiſtration doit annuellement le compte de ſa geſtion, c'eſt un principe inconteſtable. Cette Adminiſtration s'y eſt exactement conformé : à la fin de chaque année elle a vérifié le compte du Receveur de la Commune et elle l'a adreſſé à l'autorité ſupérieure, pour qu'elle l'arrêtât définitivement ; ainſi que le lui preſcrit la loi du 18 Décembre 1789, ſur la conſtitution des Municipalités.

C'était à l'Adminiſtration ſupérieure qu'il appartenait de rendre public, par l'impreſſion, le compte rendu de ſa geſtion, dont font partie les comptes particuliers des différentes Adminiſtrations locales qui lui ſont ſubordonnées. Les circonſtances l'ont empêché, ſans doute, de donner cette ſatisfaction aux habitans de cette Colonie : cette Adminiſtration penſe devoir aujourd'hui, par la publication de ce compte rendu, ſatisfaire, en ce qui la concerne, les habitans de ces Canton & Commune.

Les dépenſes locales à la charge de chaque Adminiſtration Municipale , qu'il ne faut pas confondre avec les dépenſes générales qui ont pour objet l'intérêt général de la Colonie entière, ont pour unique objet l'intérêt particulier de chaque canton & Commune. Elles ſe diviſent en *dépenſes* à la charge du Canton *entier*, dites *Municipales* ; & en dépenſes à la charge de la Commune *ſeule*, dites *Communâles*.

Chacune de ces dépenſes ſe ſous-diviſe en *dépenſes fixes* et en *dépenſes variables*.

A

En fixant le traitement des diverfes Fonctionnaires publics et Employés à la charge de cette Adminiftration , elle s'eft fait un devoir de les porter à un taux proportionnel à leur utilité refpective , et capable de leur affurer une honnête aifance , telle qu'elle ne leur laifsât aucune excufe s'ils ofaient exercer la plus légère concuffion et faire une forte de trafic de leurs places.

La r.éceffité d'aider l'Officier public dans l'enregiftrement des actes de naiffances , mariages et décès , a déterminé cette Adminiftration à lui attacher un des employés du Secrétaire en chef, auquel, en conféquence, elle a accordé, en fus de fon traitement, celui de l'Archivifte. Cet arrangement et des vues d'économie ne lui ont pas permis , jufqu'à ce jour , de nommer un Archivifte , dont le befoin cependant fe fait fentir chaque fois qu'il s'agit de faire des recherches dans les papiers des fucceffions vacantes.

Les mêmes vues d'économie ne lui ont pas permis d'avantage de fe nommer des Huiffiers.

Elle a auffi , en fe bornant à un fimple Portier , fu économifer près de moitié du traitement du Concierge.

Les deux cinquièmes des eaux de cette Commune font appliqués à l'ufage privé de divers établiffemens publics à la charge de l'Adminiftration particulière de la Marine ; la charge de cette Commune a été allégée d'autant à cet égard.

Les prifons de cette ville fervant en même-tems de maifon d'arrêt, de maifon de correction et de maifon de juftice, et même accidentellement de maifon d'arrêt, de correction et de juftice militaire ; cette Adminiftration ne pouvait être tenu, tout au plus, qu'en payement du tiers du traitement du Concierge de ces prifons , les deux autres tiers devant être fupportés par le Tréfor public.

TABLEAU

TABLEAU

Des Dépenses Municipales & Communales, arrêtées pour l'an 7, par délibération de cette Administration des 28 Messidor, an 6, 4 Vendémiaire, 17 Brumaire, 13 & 19 Pluviose, an 7.

Dépenses fixes Municipales.

TRAITEMENT du Secrétaire en chef	10,000 f.
—— de ses trois Employés et d'un Archiviste, à raison de 3,000 f. chacun	12,000
—— du Receveur de la Commune	3 centimes additionnels.
—— de chaque Porteur de contrainte, non compris le droit des actes qu'ils peuvent dresser, lesquels ainsi que celui des garnisaires, sont à la charge des contribuables en retard, et se doivent payer aux termes du tarif fait pour les Huissiers près les Tribunaux ; en sus des 3 c. alloués au Receveur.	un centime additionnel.
—— de deux Huissiers, à 1,500 chacun	3,000
—— du Concierge de la Maison Commune	1,500
—— du Crieur public	825
—— du Juge de Paix	7,200
—— de son Greffier	2,400
—— du Concierge des prisons de cette Ville, comme gardien de la Maison d'arrêt, pour le tiers à la charge du Canton	2,200
—— de son Guichetier ou Portier, aussi pour le tiers à la charge du Canton	266
	39,391 f. 67 c.

Dépenses variables Municipales.

Location et entretien de la Maison Commune	6,600 f.
Son ameublement	10,000
Frais de Bureau	6,600
—— d'impressions	5,775
Fêtes nationales et illuminations	6,600
Frais relatifs à la Justice de paix	2,400
Entretien de la Maison d'arrêt	4,400
	42,375 0
	81,766 f. 67 c.

De l'autre part . . . . **81,766 f. 67 c.**

Traitement de deux Commiſſaires de Police, à 6,000 f.
        chacun **12,000**

——————— de l'Inſtituteur principal de l'Ecole primaire. . **6,600**

——————— d'un Souſ-Inſtituteur, dans le cas où le nombre
      des élèves paſſerait celui de cent . . . **3,300**

——————— d'un Architecte-voyer **3,000**

——————— d'un Garde des eaux et Inſpecteur des canaux
      et fontaines, ponr les 3 cinquièmes à la charge
      de la Commune **4,500**

——————— de cinq Journaliers employés annuellement à
      l'entretien des canaux et fontaines, pour les
      trois cinquièmes &c. **1,188**

——————— du Prépoſé à l'entretien de l'horloge de la
      Commune **500**

                                    31,088 f. 8 c.

(Dépenſes fixes Communales.)

Ameublement et entretien de l'Ecole primaire ; les loge-
    mens des Inſtituteurs et le local deſtiné à recevoir les
    élèves étant aux frais de la République . . . **6,600**

Entretien et réparation des canaux et fontaines, y compris
    18,000 f. pour les frais de reconſtruction en maçonnerie,
    de l'Acqueduc de Marquiſans **25,500**

Entretien et réparation des Pompes à incendies. . . **6,600**

Entretien, réparation & nettoyement des places, rues &
    rigoles à la charge de la Commune ; les Quais et leurs
    Eſtacades étant à la charge du Tréſor public, comme
    objets d'intérêt général **6,600**

Frais de la Garde Nationale ſédentaire **3,300**

                                  48,400 f. 0 c.

(Dépenſes variables Communales.)

                                  161,254 f. 67 c.

LLES contributions directes n'étant pas établies en cette Colonie, l'Agence du Gouvernement, par son instruction des 1er. et 16 Fructidor, an 6, a autorisé les Administrations Municipales à répartir le montant de leurs dépenses entre tous les habitans de leur canton, les indigens exceptés, en suivant pour règle de cette répartition, l'égalité proportionnelle, c'est-à-dire, le plus ou moins d'aisance de chaque contribuable.

En conséquence de cette autorisation, l'imposition locale pour subvenir aux dépenses de cette Administration a été portée, par arrêté du 17 Brumaire, an 7, y compris 4,104 francs 79 centimes pour centimes additionnels, à la somme de 168,396 f. 42 c.

Toutes les fonctions des Administrateurs Municipaux ont été jusqu'ici gratuites, le seul Commissaire du Gouvernement près les Administrations, reçoit un traitement du trésor public ; et par une conséquence naturelle, chacun de leurs actes administratifs se rédigent et s'expédient gratuitement. Il en est cependant que l'Agence du Gouvernement, en considération de quelques frais extraordinaires qu'ils peuvent nécessiter, a cru devoir soumettre à une légère taxe, dont le produit se verse dans la caisse de la Commune.

La perception de ces taxes forme la masse des émolumens du Secrétariat, qui se composent ; 1°. de la taxe des passe-ports fixée par une lettre particulière de l'Agence du 25 Thermidor, an 6, à 38 c. (7 s. 6 d.) ; 2°. des cartes de police, domiciliaires ou de domesticité, fixées au même prix par arrêté de cette Administration, et pour la même raison ; 3°. de la taxe des certificats de résidence, fixée par les instructions pour les Administrations Municipales, à 1 f. 50 c. (deux escalins) ; 4°. Enfin, en attendant que l'impôt du timbre soit établi dans la Colonie, de celle de 3 f. pour la rédaction des actes de naissance, de consentement au mariage des Mineurs, de publications de mariage, d'oppositions au mariage, de déclarations de mariage, d'assemblées pour divorce, de divorce et de décès ; et autant pour l'expédition de ces actes.

Outre la perception des émolumens du Secrétariat, la caisse de la Commune se grossit encore de la perception de l'imposition particulière établie sur les Marchands ou Revendeurs occupans des places fixes sur la Place de la Réunion.

Le montant de ces deux perceptions a été estimé pouvoir couvrir les non-valeurs de l'imposition locale.

TABLEAU

De la perception des deniers Communaux pendant l'an sept.

DE la Contribution locale . . . . . 114,828 f. 46 c.
Des trois deniers additionnels 2,870 67
Des émolumens du Secrétariat, du 1er. Vendémiaire au 6e.
jour complémentaire, an 7, déduction faite de 700 fr.
environ, pour certaines dépenses y affises, telles que 66 fr.
par mois, pour le Portier de la Maison Commune, et
pareille fomme pour une Nourrice fournie à un enfant
abandonné 6,296
De l'impofition particulière pour les places fixes fur le Marché 13,002
————————
136,997 f. 13 c.

TABLEAU

De l'emploi de la fomme portée dans le Tableau ci-deffus, du 6 Prairial, an 6, au fixième jour complémentaire, an 7 (un an, 4 mois).

Aux Secrétaire en chef et à fes Employés, y compris 5,317
francs 23 cent. dûs au Secrétaire en chef, de fon traite-
ment comme Secrétaire-Greffier de l'ancienne Municipa-
lité, de l'an 2 . . . . 27,063 f. 18 z.
Au citoyen Beffière, employé momentanément à la mife en
ordre des Archives 396
Au citoyen Petriffan, ancien Concierge et employé au
Secrétariat de la Municipalité de 1793 et 1794 . . 1,814 67
Au Crieur public 1,086 25
Au Receveur de la Commune, pour les 3 centimes addit.⎫
   fur la perception de la Contribution locale 2,870 f. 67 ⎪
———— Sur les émolumens du Secrétariat . 157 40 ⎬ 4,071 37
———— Sur l'impofition du Marché . . 325 5 ⎪
———— Pour frais de Contraintes . . 147 50 ⎪
———— Pour Trois-fous altérés, reftés en caiffe 570 75 ⎭
Au Juge de Paix & à fon Greffier 10,926 30
————————
45,353 f. 77 c.

Pour

Ci-contre . . . . 45,353 f. 77 c.

Pour location de la Maison Commune, en 1791, 92, 93,

    et 1794 . . . . 21,450 f.

Pour Ameublement et Réparations de la Maison Commune

    actuelle.

<table>
<tr><td rowspan="28" style="writing-mode: vertical-rl">A l'acquit des Dépenses variables Municipales.</td></tr>
</table>

— Au citoyen Bédé, pour Menuiserie . 5,032 f.

— Au citoyen Léger, pour Serrurerie . 781 13 c.

— Pour les Tapis . . . . . 952 88   } 7,670 f. 51 c.

— Pour les Chaises de bois . . . 330

— Au Peintre, à compte . . . 574

Pour cinq Écharpes 557 38

Pour frais de Bureau 878 63

——————— d'Impression, au cit Gauchet 7,270 l. 94 c. }

——————————— au cit. Lagrange 298 } 7,568 94

Pour Fêtes nationales, &c. 1,362 56

Pour anciennes Dettes, relatives au ci-devant Corps de

    Police en cette Commune:

—Au cit. Marteau pour Fourn. à ce Corps. 1,381 f. 13 c. }

— Au cit. Villenet, ancien Archer . . 396 } 1,777 13

Pour Prêt, au Commissaire du Gouverne-

    ment près cette Administration 330

                                    41,594 f. 65 c.

Aux deux Commissaires de Police . . . . 12,887 f. 50 c.

A l'Instituteur principal 1,980

A l'Architecte voyer 1,833

Au garde des Eaux et Inspecteur, &c. . . 660

Aux cinq Journaliers employés sous ses ordres . . 892

Au Préposé à l'entretien de l'Horloge . . . 350

                                    18,602 f. 50 c.

Pour ameublement de l'École primaire . . . . 1,710 f. 75 c.

Pour entretien et réparations des Canaux et Fontaines :

    Au cit. Baubœuf, à compte de la Cons-

    truction de l'acqueduc de Marquisans 13,500 f. 5 c. }

    A divers, pour Fournitures . . 422 55 } 13,922 55

Pour entretien et réparation des Pompes à incendies :

    Au cit. Ajot . . . . . 2,425 f. 50 c.

    Au cit. Valière 1,584

    Au cit. Marquille . . . 1,306 94 } 6,211 57

    Au cit. Léger Chardonnet. . . 763 13

    Au cit. Bolle 132

Pour entretien et nettoyement des places, rues et rigoles &c.

    Au cit. Dalleas. . . . . 2,747 f. 25 c.

    Au cit. Gilson. . . . . 1,176 55 } 4,016 20

    Au cit. Magnant. 92 40

                      25,861 f. 7 c. 105,550 f. 92 c.

De l'autre part . . . . 25,861 f. 7 c. 105,550 f. 92 c.
Pour fourniture & pofe des Plaques des rues et maifons,
    au citoyen Bridan 2,640
Pour frais de la Garde Nationale fédentaire :
    Au citoyen Prudot, pour les Drapeaux. 1,188 f. c. ⎫
    Au citoyen A. Gelin, pour les tambours. 519 75 ⎬ 1,707 f. 75 c.
        ⎭

                                       30,208 82

                                   135,759 f. 74 c.

Réfultat de la Contribution Locale de l'an 7.

Maffe des Taxations de la Contrib. local. 164,198 f. 63 c. ⎫
——— des Centimes additionnels . 4104 79 ⎬ 168,296 f. 42 c.
        ⎭

Perception de la Contribution locale. 114,828 46 ⎫
Centimes additionnels de cette perception. 2,870 67 ⎪
Décharges de Taxes . . . 2,801 58 ⎬ 126,789 9
Réductions de Taxes . . . 6,288 38 ⎪
        ⎭

Refte à percevoir . . . . 41,507 f. 33 c.

Réfultat de la Perception des Deniers Communaux & de leur emploi.

Maffe de la perception fuivant le premier Tableau. . 136,997 f. 13 c.
Maffe de l'emploi fuivant le fecond Tableau . . 135,759 74

Excédant de la Perception. . . . . 1,237 f. 39 c.
A déduire, en trois fous décriés reftés en Caiffe 570 75

                    Refte. . . . 666 f. 64 c.

TABLEAU

Des Dépenses Municipales & Communales, arrêtées pour l'an 8, par délibération de cette Administration du 16 Messidor, an 7.

Dépenses fixes Municipales.

TRAITEMENT du Secrétaire en chef . 10,000 f. ⎫
——— de ses trois employés et de l'Archiviste, à raison de 3,000 chacun. (L'Archiviste n'a pas été nommé et son traitement a été employé ainsi qu'il avait été l'année précédente) . 12,000 ⎬ 22,000 f.
——— du Receveur de la Commune . . . 3 centimes adddit.
——— de chaque Porteur de Contraintes . . . 1 centime addit.
——— de deux Huissiers à 1,500 chacun . . . 3,000
——— du Concierge de la Maison Commune . . 1,500
——— du Crieur public 825
——— du Juge de paix . . . 7,200 f. ⎫ 9,600
——— de son Greffier . . . 2,400 ⎭
——— du Concierge de la Maison d'Arrêt 2,200 ⎫ 2,466 f. 67 c.
——— de son Guichetier ou Portier . 266 67 ⎭

39,391 f. 67 c.

Dép. var. Municip.

Location et entretien de la Maison Commune . . . 6,600
Frais de Bureau 3,300
Frais d'Impressions 6,600
Fêtes Nationales et Illuminations . . . 6,600
Entretien de la Maison d'Arrêt 6,600

29,700 f.

Dépenses fixes Communales.

Traitement de deux Commissaires de Police . . 12,000 f.
——— de l'Instituteur principal des Garçons 6,600 ⎫
——— d'un Sous-Instituteur . . . 3,300 ⎬ 19,800
——— de l'Institutrice principale pour les Filles 6,600 ⎪
——— d'une Sous-Institutrice . . . 3,300 ⎭
——— d'un Architecte-Voyer 3,000
——— du Garde des Eaux et Inspecteur . 4,500 ⎫ 5,688
——— de 5 Journaliers employés sous ses ordres 1,188 ⎭
——— du Préposé à l'entretien de l'Horloge . . 500

40,988

Dép. va. Com.

Entretien des Écoles primaires . . . 6,600
——— des Canaux et Fontaines . . . 3,300
——— des Pompes à Incendies . . . 3,300
——— des Places, Rues, &c. . . . 3,300
Frais de la Garde Nationale sédentaire . . 2,400

18,900

128,979 f. 67 c.

TABLEAU

De la perception des deniers Communaux pendant l'an huit.

DE la Contribution de l'an 8. . . . . . 54,263 f. 35 c.
——————— arriérée de l'an 7 . . . . 2,430 53
Des trois centimes additionnels 1,417 34
Des émolumens du Secrétariat, déduction faite de 1,082 f.
28 centimes, distribués aux employés du Secrétaire en
chef, à titre de gratification ; et de 1,882 f. 75 centimes
pour les dépenses y assises, telles que le payement du
Portier, d'une Nourrice fournie à un Enfant abandonné,
et de 16 fr. 50 centimes pour le sonneur de la Cloche du
soir 3,316 88
De l'Imposition particulière sur le Marché, pour les places
fixes, pendant l'an 8 . . . . . . 15,499 69
——————— Arriéré de l'an 7 . . . . . 1,165 31

———————————————— 78,093 f. 10 c.

TABLEAU

*De l'emploi de la somme portée dans le Tableau ci-dessus, du 1 Vendémiaire au
cinquième jour complémentaire, an 8 (un an).*

Au Secrétaire en chef et à ses employés . . . . 16,941 f. 58 c.
Au Crieur public 825

Au Receveur :
Pour centimes additionnels sur la contribut. de l'an 8. 1,356 f. 41 c.
— Sur la Contribution arriérée de l'an 7 . . 60 76
— Sur les émolumens du Secrétariat . . . 82 92
— Sur la perception du Marché, à raison de cinq centimes addition. à cause des embarras de cette perception . . 833 25
        2,333 53

Au Juge de paix et à son Greffier, jusqu'au 3 Messidor an 8,
jour de la notification du règlement du 21 Prairial précé-
dent, y compris 588 f. payés au Juge de paix, posté-
rieurement à la notification de ce règlement . . 8,001 50

———————————————— 28,101 f. 59 c.
Ci-contre.

Ci-contre . . . . 28,101 f. 59 c.

Dép. n var. Municip.

Réparations de la Maison Commune ; au cit. Trevant .	199	70	
Pour décoration de la Maison Commune ; au cit. Bridan .	858		
Pour Frais de Bureau	2,211	33	
———— d'Impressions, au cit. Gauchet 652 f. 75 c.			
———————— au cit. Lagrange 1,980 50	2,633	25	
Fêtes nationales et Illuminations	6,597	38	
			12,499 f. 71 c.

Dépenses fixes Municip.

Aux deux Commissaires de Police	8,395	47	
A l'Instituteur principal de l'école primaire . . .	8,470		
A l'Architecte Voyer	2,500		
Au Garde des Eaux et Inspecteur, &c. . . .	4,805	40	
A cinq journaliers sous ses ordres, pour les 3/5mes, à la charge de la Commune	1,283		
Au Préposé à l'entretien de l'horloge	500		
			25,957 87

Dép. var. Commu.

Entretien et réparations des Canaux et Fontaines . .	4,803	19	
———————— des pompes à incendies . . .	47	25	
———— et nettoyement des Places, Rues, &c. .	1,197		
Frais de la Garde nationale sédentaire ; à Gelin . .	330		
Pour arrangement des tables sur le Marché . .	930		
Avances pour le plan de la Commune . . .	132		
Pour l'horloge et la cloche de l'Eglise . . .	422	50	
			7,938 f. 94 c.
			74,493 f. 11 c.

Résultat de la Perception totale des deniers Communaux, pendant l'an 8.

Masse de la perception de la Contribution de l'an 8 . . . . . 52906 f. 77 c.	54,226 f. 43 c.		
———————— des centimes additionnels 1,322 66			
———————— de l'arriéré de la contribution de l'an 7 . . . . 2,369 77	2,430 53		
———————— des centimes additionnels 60 76			
———————— des émolumens du Secrétariat . .	3,316	88	
———————— sur le Marché, de l'an 8 15,499 f. 69 c.			
———————— de l'arriéré de l'an 7 . 1,165 31	16,665		
			76,641 f. 84 c.

Masse de l'emploi de cette perception, suivant le 3e. tableau de l'an 8. . . . . 74,498 11

Excédant de la perception 2,143 73

Résultat de la Contribution locale de l'an 8.

| Masse de l'état de répar- | Quotes parts 127,904 f.   0 | |
| tition   :   .   .   . | Cent. addit.   3,197   61 | 131,101 f. 61 c. |

Perception de cette contribution . 52,906 f. 77 c.	
Centimes additionnels. . : . 1,322 66	55,354 44
Réductions 1,125 1	

Reste à recouvrer.   .   .   .   .   75,727 f. 17 c.

☞ Dans le Tableau suivant, les traitemens du Juge-de-Paix & de son Greffier, ainsi que ceux des gardiens de la Maison d'arrêt & de son Portier, n'ont point été compris dans l'État qu'il présente, attendu les dispositions les concernant, portées par le règlement du Général en chef, du 21 Prairial an 3, relatif à l'Administration particulière de la Marine en cette Colonie.

Nous nous dispenserons de faire aucune réflexion sur la différence qui existe entre les Tableaux de dépenses locales, à la charge de ces Commune & Canton, pour les années 7, 8 & 9 ; nos Concitoyens y remarqueront aisément l'esprit d'économie, d'équité & de désintéressement qui a dirigé cette Administration.

TABLEAU

Des Dépenses Municipales & Communales, arrêtées pour l'an 9, par délibération de cette Administration du 26 Fructidor, an 8.

TRAITEMENT du Secrétaire en chef .	8,000 f.		
———— de ses trois Employés, à raison de 3,300 francs . . .	9,900		
———— d'un Archiviste, (il n'a pas encore été nommé d'Archiviste; et son traitement est toujours réuni à celui d'un des employés attaché à l'Officier public ,)	2,000	} 19,900 f.	
———— du Portier . . .	792	} 1,617	
———— du Crieur public , &c. .	825		21,517 fr.

Dépenses fixes Municipales.

Location et entretien de la Maison Commune . .	6,600 fr.	
Frais de Bureau et Impressions	9,900	
Fêtes nationales et Illuminations	6,600	
Entretien de la Maison d'Arrêt	9,000	30,100

Dép. va. Mun.

Traitement de deux Commissaires de Police . . .	11,000 f.		
———— de l'Instituteur principal des écoles primaires	6,000 fr.	} 9,000	
———— de son Sous-Instituteur . .	3,000		
———— d'un Architecte-Voyer		3,000	
———— du Garde des Eaux et Inspecteur, &c. .		4,500	
———— des cinq employés, sous ses ordres .		1,200	
———— du Préposé à l'entretien de l'horloge	500		29,200 f.

Dépenses fixes Commu.

Entretien de l'Ecole primaire . . .	3,000 f.	
———— des Canaux et Fontaines . .	3,300	
———— des Pompes à Incendies . .	3,300	} 15,300
———— des Places, Rues, &c. .	3,300	
Frais de la Garde nationale sédentaire .	2,400	96,117 fr.

Dép. var. Com.

La masse de la répartition faite pour subvenir à ces Dépenses, s'élève à 93,500 f. 75 c. non compris les deniers additionnels qui forment une somme de 2,332 f. 52. c.